KORPORATION DER KAUFMANNSCHAFT VON BERLIN

HANDELS-HOCHSCHULE BERLIN

Die Erweiterung der Herrschaft des Menschen über die Erdoberfläche während der letzten 25 Jahre und der Anteil der Deutschen daran

Festrede

gehalten zur Feier des 25jährigen Regierungs-Jubiläums Seiner Majestät des Kaisers und Königs am 16. Juni 1913 in der Aula der Handels-Hochschule Berlin

von

Professor Dr. Georg Wegener

Berlin 1913

Druck und Verlag von Georg Reimer

Kommilitonen!

Wie jeder in dem Kreise, dem er sich heut am engsten zugehörig fühlt, feiern wir hier in unserer Hochschule das fünfundzwanzigjährige Regierungsjubiläum unseres Kaisers. Mir ist die hohe Ehre zuteil geworden, einiges von den Empfindungen und Gedanken zum Ausdruck zu bringen, die uns dabei bewegen.

Empfindungen und Gedanken! Denn diese Feier ist sowohl eine Sache des Herzens wie des Verstandes. Lassen Sie mich von beiden reden.

Ohne jeden Zweifel ist nirgends mehr in der Welt das Verhältnis eines großen Volkes zu seinem Fürstengeschlecht mit einem reicheren Beisatz wirklicher, ganz menschlicher und persönlicher Liebe durchsetzt, als in Deutschland.

Gewiß ist die Verehrung des Zaren in Rußland bei der Masse des Volkes eine rückhaltlosere, eine jeden Vorbehaltes entbehrende; aber hier handelt es sich kaum um ein menschliches Verhältnis, sondern um ein fast rein religiöses, und sicher um kein persönliches, denn der Zar tritt für diese Massen kaum je aus der Wolke einer halb göttlichen Ferne und Unnahbarkeit heraus. Auch bei den uns Deutsche an alter politischer Freiheit, staatsrechtlicher und gewohnheitsmäßiger Unabhängigkeit gegenüber ihren Königen weit übertreffenden Engländern kann man, wenigstens der Form nach, wohl eine Verehrung des Königs beobachten, die die unsere zu überragen scheint. Eine Kritik der königlichen Person, wie wir sie doch bei uns oft mit großem Freimut üben, ist in England ausgeschlossen. Aber auch hier ist der Unterschied der, daß sich diese Verehrung nicht auf ein persönlich menschliches Verhältnis zwischen Fürst und Volk gründet, sondern der König ist dem Briten ein Symbol; er ist ihm der Repräsentant seines Staats- und Weltmachtsgedankens, jenes großartigen Ideals, das die Gesamtheit der Engländer in einer so einzigartigen Einheitlichkeit und Kraft in ihrem Herzen trägt. Wie wenig es sich um ein rein menschliches Verhältnis dabei handelt, können Sie daran erkennen, daß der Engländer selbst ein lobendes Gespräch über seinen König nicht gern hat. Man merkt ihm eine Verlegenheit an; auch der bewundernden persönlichen Beurteilung soll der König nicht zugänglich sein; seine persönlichen Eigenschaften sind gleichgültig. Wird es doch auch nicht einmal restlos gern gesehen, wenn er persönliche Eigenschaften zu einem für sein Land so glänzenden Vorteil entfaltet, wie Eduard der Siebente es tat.

Anders in Deutschland. Hier hat das Verhältnis des Volkes zu seinem Fürstengeschlecht und dessen oberstem Vertreter große Ähnlichkeit mit dem Wesen und der Innigkeit eines Familienverbandes. Ich glaube, dazu dürfen gerade wir uns hier in dem kritisch scharfen und auf die individuelle Freiheit seines Urteils haltenden Berlin ohne Sorge vor Byzantinismus bekennen, weil dies Gefühl bei uns ein männlich klares und in seiner menschlichen Begründung vollkommen begriffenes ist. Der Deutsche muß nun einmal alles, was ihn ernstlich interessieren soll, mit dem Herzen erfassen und sich zu ihm in ein Verhältnis ganz persönlicher Gefühlswärme setzen. Das ist manchmal eine Quelle unserer Schwäche, das ist aber auch der Urgrund alles Eigensten und Tiefsten in unserem Gefühlsleben. Zugleich aber ist der Deutsche auch, in einer merkwürdigen und schwer zu erklärenden Vereinigung, der kühnste, radikalste, voraussetzungsloseste Denker, den es gibt, und der ohne jede Rücksicht als die der Wahrheit das Wesen der Erscheinungen objektiv zu erfassen sucht. Daraus entspringt ein Verhältnis des Volkes zu seinem Fürsten, das ich am besten mit dem erwachsener Kinder zu ihrem Vater vergleichen möchte. Obwohl sie längst wissen, daß ihr Vater natürlich nicht das Ebenbild des lieben Gottes ist, als das er ihrer

Kindheit galt, und obwohl sie erkennen, daß er ein Mensch ist, wie sie selbst, mit menschlichen, zuweilen vielleicht allzumenschlichen Eigenschaften, so bleibt doch immer ein Unwägbares und Unschätzbares an Liebe und Verehrung, das sie mit ihm in besonderer Weise verbindet. Und fühlen sie, daß sie ihn auch rein menschlich schätzen können, dann ist diese Liebe eine um so innigere.

Dies innere Zusammenhangsgefühl ist wahrlich begreiflich in unserem Volke, das in Not und Glück mit seinem Fürstengeschlecht durch die Geschichte zusammengewachsen ist, wie kaum je ein anderes. Ich brauche das in einem Kreise, wie diesem hier, nicht ausführlich zu begründen. Ich brauche auch nur flüchtig an die bedeutende Rolle gerade einzelner, ausgeprägter Persönlichkeiten dieses Geschlechts dabei zu erinnern: an die wagende Kühnheit und odysseische List und Beharrlichkeit, mit der der Große Kurfürst aus dem Trümmerchaos des Dreißigjährigen Krieges den Staat zusammenschweißte, der die erste Hoffnung auf ein Wiederemporkommen unseres deutschen Volkes bedeutete; an den zweiten Friedrich Wilhelm, der in unserm Volke den spezifischen Preußengeist mit seiner Nüchternheit, Pflichttreue und moralischen Unantastbarkeit nach seinem eigensten Muster erzog; an die Glanzgestalt des großen Friedrich, der einer Welt von Gefahren zum Trotz diesem Preußentum die moralische Führung in Deutschland und die Bewunderung der Erde eroberte; an die rührende Gestalt der Königin Luise, in der in Preußens schwersten Zeiten unser Volk sein eigenes Leiden ergreifend verkörpert sah; oder endlich an die unvergeßliche Gestalt des ersten, des „alten“ Kaisers, unter dem die tiefste Sehnsucht der Deutschen leuchtende Erfüllung fand, und der in seiner wunderbaren schlichten Würde für alle Söhne Deutschlands der vollendetste Träger der Idee des neuen Deutschen Reiches wurde. In immer größeren Wellenkreisen sind so zunächst die Brandenburger, dann die Preußen, zuletzt alle die zu unserm Reiche vereinigten deutschen Stämme mit dem Geschlecht der Hohenzollern in Wechselbeziehungen der Liebe und Treue getreten, die nicht nur durch die historische

Erinnerung nachwirken, sondern die uns von unseren Vätern und Urvätern gewissermaßen schon unbewußt, rein atavistisch, bei der Geburt vererbt werden müssen.

Der Hohenzoller, um den sich heut diese Empfindungen vereinigen, regiert jetzt ein Vierteljahrhundert. Das ist immerhin schon eine nicht kurze Zeit, hinreichend, um dem Charakterbild des Fürsten in der Geschichte bestimmte Züge zu geben. Vollends dann, wenn auch er eine so ausgesprochen starke persönliche Prägung hat, wie gerade unser Kaiser. Und Sie alle wissen es, wie leicht es dem Festredner sein würde, gerade bei unserem Kaiser eine Fülle von persönlich liebens- und bewundernswerten Eigenschaften menschlichster Art aufzuzählen, die zeigen, wie viel von der Liebe, die ihm heute entgegengebracht wird, von ihm nicht nur ererbt, sondern selbst verdient ist. Gerade in diesen Tagen bricht ja die Überzeugung davon überall in unserm Volke mit einer fast überraschenden Wärme hervor. Allein ich will hierauf an dieser Stelle nicht weiter eingehen. Ich meine, daß das beste und tiefste an solcher Empfindung wie bei der Religion doch Privatsache ist. Es genügt, daß wir hier auch in diesem Sinne unserem gemeinsamen Verstehen Ausdruck gegeben haben.

Unsere Hochschule ist ja in erster Linie nicht eine Stätte des Gefühls, sondern des Intellekts. Lassen Sie mich nunmehr von diesem Standpunkte aus fortfahren. Und zwar, wie es immer die Ehre deutscher Hochschulen gewesen ist, selbst an einem solchen Tage mit unbeirrter Sachlichkeit. Und ferner, wie es die alte geheiligte Sitte vom akademischen Festredner erwartet, besonders vom Gesichtswinkel des eigenen Fachs.

Von zahllosen Sprechern wird heute das Gleiche getan werden. Sie werden die verschiedensten Erscheinungen der Gegenwart beleuchten, und alle werden sie es dabei sehr leicht haben, die Verbindungen aufzuweisen, die gerade ihr Gegenstand mit der glänzenden Persönlichkeit hat, die wir heute feiern. Denn wenn irgendetwas bezeichnend für unsern Kaiser ist und in sein geschichtliches Bild übergehen wird, so ist es die außerordentliche Vielseitigkeit seiner Interessen und die Fülle von lebenweckenden Anregungen, die von ihm auf die verschiedensten Gebiete der Gegenwart ausstrahlen. Sie sind so groß und uns allen so bekannt, daß es auch bei dem, was ich zu sagen habe, gar nicht nötig sein wird, im einzelnen stets besonders darauf hinzuweisen.

Ich bin Geograph, und das Studiengebiet der Geographie ist die Oberfläche der Erde. Das Thema, das ich hier behandeln will, möchte ich bezeichnen als: Die Erweiterung der Herrschaft des Menschen über die Erdoberfläche in den letzten 25 Jahren und Deutschlands Anteil daran.

M. D. u. H.! Gerade auf dem Gebiet der Geographie ist im Laufe dieser letzten 25 Jahre etwas Außerordentliches geschehen. Eine der großartigsten Aufgaben, die die Menschheit zu lösen gehabt hat, ist in dieser Zeit im wesentlichen zu Ende geführt worden: die Entdeckung der Erde. Die Schale dieses Planeten ist ja der einzige Lebens- und Betätigungsraum, den die Natur dem Menschengeschlecht in dem Universum zugewiesen hat, das wohl unsere Gedanken immer weiter durchmessen werden, niemals aber, soweit heute menschliche Voraussicht reicht, wir selbst. Diesen Raum zunächst einmal in seinen Hauptzügen kennen zu lernen, die allgemeine Verteilung von Wasser und Land, von Gebirge und Ebene, von Wüste, Fruchtland und Eis u. dgl. dem Dunkel für uns zu entreißen, das war eine der elementarsten Forderungen, die die Menschheit in dem Augenblick, in dem sie zum Bewußtsein ihrer selbst kam, an sich stellen mußte, und die dann in der Tat auch wie wenig andere im Laufe ihrer Geschichte eine Fülle von Energie und Heldentum ausgelöst hat.

In immer schnellerem Tempo schrumpften im letzten Jahrhundert auf unseren Karten die leeren Flecke zusammen, denn die immer vollkommener werdenden Mittel der Technik machten den Kampf mit den natürlichen Hindernissen der Erdoberfläche immer leichter. Und etwas anderes kam wohl noch hinzu. Das Bedürfnis nach Betätigung körperlicher und geistiger Spannkräfte, das gesunde Männlichkeit empfindet und das bei der zunehmenden Glättung und Verweichlichung des täglichen Daseins in der Kulturwelt immer weniger Befriedigung fand, führte dazu, daß tüchtige Männer immer mehr gerade den Kampf mit diesen Schwierigkeiten um seiner selbst willen aufnahmen und höchste Lebensfreude in der Besiegung von Naturgewalten fanden, die früher der Menschheit nur Grauen eingeflößt hatten. So kam es, daß gegen Ende des Jahrhunderts als *terra incognita* nur noch einige wenige Räume im Innersten der Kontinente und die vereisten Polarkappen übriggeblieben waren. Heute sind, kann man sagen, seit Hedin den Transhimalaya feststellte und seit Peary und Amundsen rasch hintereinander den Nord- und Südpol erreichten, Entdeckungsreisen wahrhaft großen Stiles nicht mehr möglich; alles, was noch zu tun ist, ist Detailarbeit. Klio hat das Kapitel der Menschheitsgeschichte, auf dessen Blättern Namen wie Pytheas, Marco Polo, Columbus, Magalhaens, James Cook, James Ross, Livingstone, Stanley oder Fridjof Nansen stehen, abgeschlossen und darunter gesetzt: *imprimatur* !

Der Anteil der Deutschen an dieser besonderen großen Menschheitsarbeit ist, das müssen wir leider bekennen, im Verhältnis zu unserer Zahl und unserer sonstigen kulturellen Bedeutung immer ein auffallend geringer gewesen. Das scheint uns in der Tat nicht zu liegen. Nur auf dem Gebiet Afrikas vielleicht haben wir eine größere Anzahl von Namen aufzuweisen, die, wie etwa Barth, Nachtigal, Schweinfurth, jenen Unsterblichen, die ich nannte, angereiht werden können. So ist es auch in den letzten 25 Jahren geblieben: Schweden und Norweger, Franzosen, Engländer und Amerikaner haben wir die letzten großen Taten vollbringen lassen. Zwar haben auch wir uns mit zwei groß angelegten Expeditionen an der Aufhellung der Antarktis beteiligt; aber was an elementar entdeckerischer Tätigkeit dabei entfaltet ist, an extensiver Eroberung des Unbekannten, ist in beiden Fällen relativ bescheiden geblieben.

Anders steht es mit der sozusagen intensiven geographischen Eroberung der Erdoberfläche, mit deren wissenschaftlicher Erforschung, die an dem bloßen Wo und Wie ihrer Erscheinungen zum Warum übergeht und das gesamte Wechselspiel der auf ihr wirkenden Formen und Kräfte geistig zu erfassen strebt. In der gelehrten Geographie sind wir Deutsche stets mit an der Spitze marschiert, und man darf wohl sagen, in der Neuzeit die Führenden geworden. Ich brauche hier nur die Namen Humboldt, Ritter, Richthofen zu nennen. Und auf diesem Gebiet hat Deutschland auch innerhalb der letzten 25 Jahre die Führung behalten. In diese Zeit hinein fällt noch die Blüte von Richthofens akademischer Tätigkeit; in dieser Zeit ist hauptsächlich durch deutsche Geistesarbeit überhaupt der Begriff und die Aufgabe der modernen wissenschaftlichen Geographie bestimmt worden, und die deutschen Hochschulen gelten heute durchaus als ihre bedeutendsten Pflegstätten. Und wie in diesem Sinne theoretisch von deutschen Gelehrten, ist auch praktisch von deutschen Reisenden in der streng wissenschaftlichen Durchforschung der Erdoberfläche eine Menge hervorragender Arbeit getan worden. In dieser Hinsicht steht auch die erwähnte deutsche antarktische Forschung hinter keiner anderen der letzten 25 Jahre zurück.

Auch auf diesem Gebiete hat unser Kaiser, dem sonst anscheinend das rein geographische Interesse ferner liegt, als manches andere, bedeutsam eingegriffen. Ich erinnere nur daran, wie er z. B. durch die Schaffung des Instituts und Museums für Meereskunde in Berlin einen der neuesten und wichtigsten Zweige der modernen wissenschaftlichen Geographie aufs kraftvollste gefördert hat.

Uns aber auf der Handels-Hochschule interessiert ganz besonders ein Zweig der geographischen Wissenschaft, der praktisch der allerwichtigste ist: die Wirtschaftsgeographie. Die Erdoberfläche ist ja für den Menschen nicht nur dazu da, sie zu kartographieren und zu erklären, sondern sie zu benutzen zur Erhaltung und Steigerung seines Daseins. Unter diesem Gesichtspunkt betrachtet sie die Wirtschaftsgeographie. Und dieser Zweig geographischer Wissenschaft, der uns hier vor allen anderen beschäftigt, ist erst gerade im letzten Vierteljahrhundert entstanden. Noch ist er dabei, seine Aufgaben bestimmter zu umreißen, seine Methoden sicherer auszubilden; allgemein aber ist seine hohe Zukunftsbedeutung erkannt, und es ist eine stolze Freude, daß gerade die mit ihm innerhalb des letzten Vierteljahrhunderts geborenen Handels-Hochschulen ihrem besonderen Wesen nach die gegebenen Stätten sind, ihn zu pflegen.

Diese Betrachtung schlägt uns die Brücke von der wissenschaftlichen Eroberung der Erdoberfläche zur wirtschaftlichen.

Die wirtschaftliche Eroberung der Erdoberfläche durch das Menschengeschlecht, d. h. ihre immer vollkommenere, in extensivem wie in intensivem Sinne weitergehende wirtschaftliche Ausnutzung, ist in ganz ähnlicher Weise, wie die Entdeckung der Erde in den letzten Jahrzehnten in immer rascherem Tempo vorwärts gegangen. Die außerordentlichen Errungenschaften der Naturwissenschaft und der Technik der Neuzeit und des aus beiden sich steigernden Weltverkehrs reißen immer mehr die Schranken des Raumes nieder, zwingen immer ausgedehntere Reiche der Natur, dem Menschen zu dienen, und verändern geradezu der Erde kaum erst entdecktes Antlitz. Die Fortschritte, die hier in den letzten 25 Jahren gemacht wurden, sind viel zu ausgedehnt, als daß ich hier irgend versuchen könnte, sie mehr als durch einige Beispiele anzudeuten: Nordamerikas Prärien, Argentiniens Pampas verwandelten sich in wogende Weizenfelder, Russisch-Turkestans Steppen in Baumwollenplantagen, Ceylons vielgepriesene Urwaldschönheiten in die Regelmäßigkeit gepflegter Teegärten. Ägyptens Fruchtland ist durch den Staudamm der Engländer unabhängig gemacht worden von den periodischen Überflutungen des Nils, jener Naturerscheinung, deren geheimnisvoller Rhythmus seit dem Morgendämmern menschlicher Erinnerung das Kulturleben eines wichtigen Teils der Menschheit bestimmt hatte. Ebenso haben die Engländer im nördlichen Indien durch die Schaffung des großartigsten Irrigationssystems der Gegenwart siegreich den Kampf gegen die Nachteile einer ähnlich rhythmischen Naturerscheinung, des Monsuns, aufgenommen. Und schon plant ihr kühner Geist, das verödete Mesopotamien, die Urheimat unserer Zivilisation, durch solche Bewässerungsanlagen zu neuem Leben zu erwecken. Transvaal und Alaska haben die Erde mit frischen Strömen Goldes überschwemmt, und die jährliche Menge dieses der Welt immer unentbehrlicheren Metalls, die der Mensch der Erdrinde entreißt, und die von der Entdeckung der Goldfelder Kaliforniens bis zu denen in Südafrika ziemlich gleichmäßig geblieben war, hat sich seit 1888 von rund 450 Millionen auf rund 2000 Millionen gesteigert. Riesenhaft gewachsen ist auch die Produktion von Eisen und Kohle. Für letzteres Mineral bedeutet es eine Epoche, daß jetzt auch Chinas unermeßliche Kohlenschätze, bisher fast unbenutzt schlummernd inmitten eines Volkes von urältester Kultur, begonnen haben, aus dem Schoß der Erde emporzusteigen. Neben dem Tee, dem Kaffee, dem Zucker sind im letzten Vierteljahrhundert andere tropische Plantagenpflanzen zu ähnlicher Weltbedeutung gekommen, vor allem der Kautschuk. Und um auch auf die Fortschritte des Weltverkehrs, der all diese Errungenschaften untereinander austauscht, einige ganz kurze Schlaglichter zu werfen, weise ich darauf hin, daß im Jahre 1889 die *Companie internationale du Canal de Panama* des Ferdinand Lesseps mit jenem ungeheuren „Skandal" zusammenbrach; das Werk der Durchstechung des Isthmus von Mittelamerika schien damals unmöglich. Heut, im Jubiläumsjahr des Kaisers, wird aller Voraussicht nach das erste Schiff den Panamakanal von Ozean zu Ozean durchfahren. In demselben Zeitraum hat die Sibirische Bahn den Großen Ozean erreicht und den Anschluß an das chinesische Bahnnetz gewonnen; man kann heute auf dem Schienenwege von Lissabon bis zum Yangtsekiang reisen. Die Kap-Cairo-Verbindung durch das Herz von Afrika, noch vor kurzem ein phantastisches Hirngespinst, ist längst in das Stadium einer realen, ruhig und nüchtern der Vollendung entgegengehenden Unternehmung getreten, und die Mekkapilgerzüge Vorderasiens bedienen sich heut der Eisenbahn. Telegraphenkabel durchqueren die größten auf der Erde vorhandenen Meeresbreiten, von Kanada nach Australien, und gleichzeitig ist in diesem Vierteljahrhundert diejenige Erfindung geboren worden, die die Kabel überhaupt überflüssig machen will: die Funkentelegraphie. Endlich gehört dieser Zeitspanne die blendendste, in ihren Folgen noch unübersehbare Erfindung auf dem Gebiet der Verkehrsmittel an, die der lenkbaren Luftschiffe und Flugmaschinen. (Es reizt, einen Augenblick bei der eigentümlichen Tatsache zu verweilen, daß diese Erfindung, die so glänzend geeignet gewesen wäre, die vorhin berührte Entdeckung der Erde im großen Stil zu fördern, gerade da vom Menschen gemacht wurde, wo sie für diesen Zweck aufhörte, wichtig zu sein.) Wie die moderne Konservierung der Nahrungsmittel die Grenzen der Jahreszeiten verwischt, so der Weltverkehr immer mehr die der Zonen. Dazu nur ein erläuterndes Beispiel für unzählige, weil es uns allen vor Augen liegt. Eine für die Tropen besonders charakteristische Frucht ist die Banane; so sehr charakteristisch, daß Humboldt von ihr das Wort geprägt hat, sie sei schuld daran, daß die Tropenvölker es in der Kultur so wenig weit gebracht hätten, weil die Mühelosigkeit und Fülle, mit der die Banane Nahrung und Wohlgeschmack bot, ihnen das Leben zu leicht gemacht hätte. Auch vor dem letzten Dezennium brachte man wohl schon Bananen in andere Zonen, aber die leicht verderblichen Früchte taugten nicht viel und waren außerhalb der Tropen nur Kuriosität, nicht Nahrungsmittel. Im Jahre 1903 fuhr ich auf einem Bananenschiff von Puerto Limon in Costarica nach New York. Durch geeignete Temperierungsanlagen und vermehrte Geschwindigkeit dieser Schiffe hatte man es erreicht, daß die frisch gepflückten Bananen gerade im Zustand der erforderlichen Reife in New York ankamen, und die Banane war deshalb dort aus einem Leckerbissen bereits zu einem bedeutungsvollen Volksnahrungsmittel geworden. Schon damals bestand die Zuversicht, daß es durch Vervollkommnung der Transportmittel binnen kurzem gelingen werde, den Bereich der tropischen Bananen bis nach Europa auszudehnen. M. D. u. H.! Dies ist gerade in den letzten Jahren gelungen und Sie beobachten alle selbst, wie die Banane Westindiens heut in unseren Südfruchtläden Massenartikel wird.

Was ist nun in der in Rede stehenden Zeitspanne der deutsche Anteil an der wirtschaftlichen Eroberung der Erde gewesen?

Im Sinne der extensiven wirtschaftlichen Erschließung und Umgestaltung der Erdoberfläche stehen wir, so scheint es, ebenfalls keineswegs an einer der ersten Stellen; Russen, Amerikaner und vor allem die Engländer, diese großen Bahnbrecher der europäischen Kultur auf der Erde, stellen uns sehr in den Schatten, wenigstens, soweit deutsche Arbeit auch öffentlich als national deutsch in der Welt bekundet ist. Schwer abschätzen läßt sich freilich, was deutscher Fleiß und deutsches Kapital in politisch fremden Ländern und im Dienste fremder Auftraggeber gearbeitet haben. Immerhin ist aber auch auf diesem Gebiete innerhalb der letzten 25 Jahre von den Deutschen Großes geleistet worden. Vor allem auf dem Felde unserer Kolonien. Und fassen wir das Verkehrswesen besonders, so wurde innerhalb dieser Periode von uns der zweitgrößte bestehende Schifffahrtskanal der Erde vollendet, der Kaiser Wilhelm-Kanal, der mit seiner die maritime Wehrmacht unseres Vaterlandes verdoppelnden Wirkung vielleicht der ausschlaggebende Anreiz für die Vereinigten Staaten gewesen ist, den Panamakanal zu bauen, um für die Union das Gleiche zu erreichen. Die Handelsflotte Deutschlands ist nach Tonnenzahl die dritte der Welt geworden, die Reederei der Hamburg-Amerikalinie die größte der Erde, die Dampfschiffe des Norddeutschen Lloyd nach Asien nehmen in dem großen internationalen Wettbewerb der dortigen Schifffahrtslinien unumstritten den ersten Rang ein. Auch eine der in Arbeit befindlichen großen transasiatischen Weltbahnen gilt als ein vorwiegend deutsches Werk, die Bagdadbahn.

Unübersehbar aber wird der deutsche Anteil, wenn wir das Gebiet der wissenschaftlichen und technischen Fortschritte ins Auge fassen, die die Herrschaft der Menschen über die Natur vermehren helfen. Hier die schlagendsten Beispiele aus den letzten 25 Jahren herauszugreifen, würde die Sache anderer Kollegen sein. Ich erinnere nur, auf bereits Berührtes zurückgreifend, daran, daß die großartigste neue Erfindung des Nachrichtenverkehrs, die drahtlose Telegraphie, zuletzt auf die ebenfalls noch unserem Zeitraume angehörige deutsche Entdeckung der Hertzschen Wellen zurückgeht, und daß das lenkbare Luftschiff ganz eine deutsche Tat ist. Endlich lassen Sie mich noch einen besonderen Punkt erwähnen. Eines der schwersten Hindernisse für die Ausdehnung der Herrschaft des Menschen über die Erdoberfläche sind die großen klimatischen Infektionskrankheiten, wie Malaria tropica, Gelbfieber, Schlafkrankheit u. a., die das Eindringen in die von ihnen beherrschten Gegenden und deren Nutzung so ungemein erschweren. In der Erkenntnis des Wesens dieser Krankheiten und der Wege zu ihrer Bekämpfung sind gerade im letzten Vierteljahrhundert so entscheidende Fortschritte gemacht worden, daß der Mensch hoffen darf, dieser Feinde über kurz oder lang ganz Herr zu werden und es an vielen Stellen schon geworden ist. In den achtziger Jahren, als Ferdinand von Lesseps am Panamakanal baute, kannte man das Wesen der Malaria und des gelben Fiebers noch nicht; an ihnen ist er hauptsächlich mit gescheitert, weil das große Sterben die Arbeiter zu teuer machte. Heute kennen wir beide, wissen, was ihnen gegenüber zu tun ist, und den Amerikanern ist es bereits gelungen, die verrufene Gegend so gründlich zu sanieren, daß zurzeit der teuerste Arbeiter dort mit nur 80, der billigste mit nur 40 Pf. die Stunde im Durchschnitt bezahlt zu werden braucht. Um gerade Deutschlands hervorragende Verdienste an diesen Errungenschaften zu kennzeichnen, brauche ich nur den einzigen Namen Robert Koch zu nennen.

Und nun des Kaisers Stellung zu alledem? Es ist bekannt, daß er unter den Erscheinungen des modernen Lebens kaum eine andere mit so lebhaftem Interesse verfolgt, wie die Fortschritte der naturbezwingenden Wissenschaft und Technik, und wie er gerade hier durch Ehrung der führenden Männer, die bis zu persönlicher Freundschaft gegangen ist, durch Schaffung wissenschaftlicher Institute und Stiftungen, ja schon durch Bekundung seines immer regen Interesses allein — das ist das Vorrecht der Könige — eine unübersehbare Fülle neuen Lebens und Eifers erweckt hat. Was wiederum insbesondere das Verkehrswesen angeht, so bietet sich zur Charakterisierung seines Verständnisses für dessen Bedeutung von selbst das so viel zitierte kaiserliche Schlagwort dar. „Die Welt steht im Zeichen des Verkehrs.“ M. D. u. H.! Rein an sich genommen klingt ein solches Wort vielleicht wie ein Gemeinplatz; aber das ist ja das Wesen populär gewordener Schlagwörter hervorragender Männer überhaupt: das Volk selbst greift sie aus deren Reden heraus, nicht weil sie etwas unerhört Neues sagen, sondern weil sie ihm als ein besonders kurzer, faßlicher Ausdruck des ganzen Denkens und Handelns des betreffenden Menschen erscheinen. Ihre Bedeutung liegt nicht in ihnen selbst, sondern in der Persönlichkeit und ihrem Wirken, die dahinter stehen. So ist es auch hier. —

Es gibt aber noch eine andere Form der wirtschaftlichen Eroberung der Erde. Unsere bisherige Betrachtung beschränkte sich auf die elementare Urbarmachung der natürlichen Erdoberfläche, die Erweiterung und Steigerung der wirtschaftlichen Nutzung des Bodens, der Pflanzen- und Tierwelt. Und sie faßte als das Ziel den wirtschaftlichen Fortschritt der Menschheit als eines Ganzen ins Auge. Wenn wir die Mitwirkung der Deutschen dabei auch hervorhoben, so geschah es doch nur, um zu zeigen, welchen Anteil an der Ehre, die Interessen der Menschheit im allgemeinen gefördert zu haben, uns gebührt. Die andere Form der wirtschaftlichen Eroberung richtet sich auf die die Erde bewohnenden Menschen selbst. Sie unterwirft sie durch Anknüpfung an ihre Bedürfnisse und schafft wirtschaftliche Herrschaft und wirtschaftliches Tributverhältnis durch deren Befriedigung. Es ist die kaufmännische Eroberung der Erdoberfläche, die ich meine, diejenige, die uns hier ganz besonders angeht. Sie führt uns zugleich hinüber von der panhumanen Betrachtungsweise unseres Gegenstandes zur nationalen. Denn hier tritt das eigene Volk in Gegensatz zu den andern; des eigenen Volkes Wohlstand zu mehren und seine wirtschaftliche Macht auszudehnen, ist das Ziel dieser Eroberung.

Die beiden Mittel, mit denen das geschieht, sind eine überlegene Produktion und ein überlegener Handel.

Da berühren wir nun diejenigen beiden Gebiete, wo Deutschlands großartigste und unbestrittenste Fortschritte innerhalb der letzten 25 Jahre liegen. Deutschland hat sich während der letzten Jahrzehnte aus einem vorwiegenden Agrarstaat nicht in einen ausschließlichen Industriestaat verwandelt — Gott sei Dank nicht —, wohl aber, wie Rießer es neulich ausdrückte, in einen Agrar- und Industriestaat mit vorwiegend industriellem Charakter. Auf dem Gebiete der industriellen Produktion vor allem hat sich der Deutschen wertvollste Gabe und besonderes Talent unter den Völkern, ihr zäher Fleiß und ihre Gewissenhaftigkeit, betätigt und Leistungen gefördert, die das Staunen der Welt erregen. Die zweite Aufgabe, die ausgezeichneten Erzeugnisse des deutschen industriellen Kaufmanns in die Welt hinauszutragen, hat der deutsche handelnde Kaufmann mit den gleichen Eigenschaften und dem gleichen Erfolge in die Hand genommen. Ähnlich den Scharen eines wohlgeschulten Heeres zogen unsere Kaufleute über die Erde und errangen mit ihrer unermüdlichen Energie, mit ihrer die Bedürfnisse der Völker erspähenden und sich ihnen anpassenden Geschicklichkeit in dieser friedlichen Eroberung Sieg auf Sieg, zur vollkommenen Überraschung, ja man kann ruhig sagen zur Bestürzung anderer älterer kaufmännischer Völker, die ihre eigene Herrschaft gefährdet sehen.

Was dankt der deutsche Kaufmann dabei der Mithilfe des deutschen Kaisers? Die Antwort, die ich hier geben will, schwebt schon auf Ihrer aller Lippen: Vor allem eins, die grundlegende Vorbedingung dazu: die Erhaltung des Friedens. Das ist ja heute geradezu allgemein anerkannt in der Welt. Wir hören es in diesen Tagen von überall her, auch aus den Reihen unserer Gegner, daß unser Kaiser in der Gegenwart der stärkste Faktor des Weltfriedens ist, und daß er insbesondere uns in Deutschland bewußt und oft unter nicht geringen Schwierigkeiten den Frieden erhalten hat. Ich weiß es wohl, m. D. u. H., daß es auch Anschauungen gibt, die darin kein unbedingtes Lob sehen, die vielmehr meinen, ein rechtzeitig gewagter Krieg hätte manche der Lagen, in denen wir uns innerhalb der letzten

Jahrzehnte befunden haben, vielleicht günstiger für uns gestaltet. Allein ich lasse dies „vielleicht“ hier völlig auf sich beruhen; unbestreitbar ist das Faktum, daß wir durch diese Friedenszeit eines der reichsten, an Industrie und Handel mächtigsten Völker geworden sind. Noch vor zwei Menschenaltern waren wir ein entschieden armes Volk: Steinmann-Bucher konnte vor einigen Jahren unser Nationalvermögen auf 350 Milliarden schätzen!

Neben dieser großen Tat der Erhaltung des Friedens hat der Kaiser aber auch sonst die welterobernde Arbeit des deutschen Kaufmanns unablässig gefördert durch sein mannigfach betätigtes Interesse, in der gleichen Art wie die früher erwähnten Gebiete des öffentlichen Lebens, durch Ehrung leitender Männer, ihre Berufung ins Herrenhaus usw.

Und noch auf eine andere Seite ungewollter, aber nicht minder wirksamer Unterstützung deutscher kaufmännischer Welteroberung durch ihn möchte ich hinweisen, die manchem andern vielleicht wunderlich klingen würde, die gerade aber Sie als Kaufleute richtig verstehen werden. Sie alle wissen ja, wie ungeheuer viel zum kaufmännischen Erfolg daran liegt, daß von der Firma immerfort und überall geredet, daß die Phantasie unaufhörlich damit beschäftigt, daß das Publikum immer und immer wieder auf ihre Existenz hingewiesen wird; selbst wenn es nicht im lobenden, ja sogar zuweilen wenn es im abträglichen Sinne geschieht. Das berühmteste Beispiel in der Geschichte der Welthandels der letzten 25 Jahre dafür, daß selbst das letztere vorteilhaft wirken kann, ist das bekannte, als Brandmarkung gedachte „*Made in Germany*“, mit dem England gehofft hatte, die deutsche Konkurrenz im Welthandel zu vernichten und genau das Gegenteil bewirkt hat. Ein kleines Beispiel nur aus eigener Erfahrung für diesen Vorgang. Ich ritt im Jahre 1898 im Innern Indiens auf einem Elefanten des Maharadschas von Jaipur spazieren. Der mir beigegebene Diener des Maharadschas knüpfte durch meinen Dolmetscher auf dem Rücken dieses Elefanten ein Gespräch mit mir an und sagte: „Master, ich höre, Ihr seid aus Germany, darf ich Euch etwas fragen? Ich beschäftige mich in meinen Mußestunden mit Goldstickerei für unsere Tempelfeste und muß die Goldfäden dazu bei einem englischen Händler teuer bezahlen. Schaut einmal her, hier ist das Papier, in das sie gewickelt sind. Da steht „Made in Germany". Kann ich nicht von Euch die Firma in Germany erfahren, wo sie gemacht werden, dann kann ich sie dort gewiß viel billiger bekommen." Das Papier zeigte als Fabrikmarke eine Mutter Maria mit einem Heiligenschein; ich nahm es mir mit, und es war mit Hilfe des Konsulats möglich, die Firma dem Manne mitzuteilen.

Nun müssen Sie sich vergegenwärtigen, m. D. u. H., daß der Kaiser draußen im Ausland in viel größerem Maße, als wir es hier irgend denken, als die Verkörperung des deutschen Volkes gilt. Der deutsche Kaiser und das deutsche Volk sind untrennbare Begriffe dort. Es gibt aber in der internationalen Welt keine zweite öffentliche Persönlichkeit, die die Phantasie der Völker so lebhaft und so dauernd beschäftigt, wie gerade unser Kaiser. Jeder, der gereist ist, weiß es; immer wieder wird man nach ihm gefragt und auf ihn hin im Ausland angeredet, überall in den Köpfen hat sich ein ganz bestimmtes Porträt von ihm gebildet, manchmal vielleicht nicht unbeeinflußt, wie wir alle heut, durch die humoristische Karikatur, aber doch immer mit einem deutlichen Einschlag von Sympathie und Respekt. Da wir gerade vom Innern Indiens sprachen, auch dafür ein kleines Beispiel aus der gleichen Weltgegend. Vor zwei Jahren wurde unserem Kronprinzen auf seiner Indienreise in Haiderabad eine große Truppenschau geboten. Als die ganze Garnison, mehrere Regimenter Infanterie, Artillerie und Kavallerie, an ihm vorbeigezogen war, wandte er sich an den Höchstkommandierenden mit der Bitte, ihm doch zu gestatten, wie es daheim Sitte sei, daß auch er ihm einmal eines der Regimenter vorführe, das ihm besonders gefallen habe. Gern wurde diese Bitte gewährt. Der Kronprinz ritt an das Ende des weiten Paradefeldes, setzte sich dort an die Spitze der bengalischen Lanzenreiter und führte sie nun seinerseits an den Tribünen vorüber. Aber nicht im Trab, wie vorher, sondern in tollster Karrière.

Das brachte die Leute, die sowas noch nicht erlebt hatten, geradezu außer sich. Sie rissen von selbst ihre Säbel aus den Scheiden und sie über dem Haupte schwenkend und Hurra schreiend brausten sie an uns vorüber, den Kronprinzen an ihrer Spitze. Und ich hörte neben mir, wie zwei Engländer staunend und bewundernd zueinander sagten: „Ganz der Vater."

Diese außerordentliche Popularität unseres Kaisers in der Welt ist eine nicht zu unterschätzende Propaganda für das Deutschtum überhaupt.

Nun sind aber diese kaufmännischen Eroberungen auf der Erdoberfläche auch nicht ohne ernste Gefahren. Deutschlands geographische Stellung inmitten politisch gegnerisch gestimmter Völker wie der Slaven und Franzosen ist schon an sich schwierig genug. Diese Schwierigkeit wird gesteigert durch die wirtschaftliche Konkurrenz, die uns auch noch zu anderen Nationen in Gegensatz bringt, bekanntlich neuerdings vor allem zu der größten kaufmännischen Weltmacht, England. Die Unliebsamkeit unserer Konkurrenz auf der Erde wird um so unbehaglicher empfunden, als wir unsern Gewinn leider größtenteils in Ländern suchen müssen, die jemand anderem gehören.

Hier berühren wir den wundesten Punkt in der Stellung der Deutschen in der Welt, unseren unverhältnismäßig geringen Anteil an der politischen Herrschaft über die Erdoberfläche. Schon heut, wo die Menschheit soeben erst die Erde in ihren Hauptzügen zu Ende entdeckt hat, empfindet sie mit Beklemmung, wie klein sie ist. 510 Millionen Quadratkilometer, mehr ist für uns als Lebensraum nicht da, und auch davon sind noch mehr als zwei Drittel Wasserwüste. Zu welchen Sorgen für die künftige Ernährung des Menschengeschlechts das schon heute Veranlassung gibt, ist uns durch die unlängst von dieser Stelle aus gehaltene Festrede unseres Rektors Prof. Binz über die Beihilfe der Chemie zur Schaffung neuer Nahrungsquellen eindringlich nahegeführt worden. Schon heute fühlen wir, daß der Besitz an Raum auf der Erdoberfläche das Allerkostbarste und Wichtigste für eine Nation, daß ein möglichst großer Anteil daran die beste Anwartschaft auf die Erhaltung ihrer Art und Macht ist. Verschiedene Nachbarnationen haben das rechtzeitig begriffen. Sie haben, mit kühnem Blick über die Enge ihrer nächstliegenden Interessen hinausschauend, die Erde und das Menschengeschlecht wie eine einzige rasch an Bevölkerungszahl wachsende Großstadt und ihre Umgebung betrachtet, deren City Europa ist und in deren Umkreis sie sich wie kluge Grundstücksspekulanten so viel Grund und Boden zu sichern suchten, wie irgend möglich war. Wie solche werden sie in der Zukunft von der Vermehrung der Bevölkerung dieser Großstadt ganz von selber die außerordentlichsten Gewinne haben, und die kleinen Leute, die dazu nicht gekommen sind, werden die teuren Mieten bezahlen müssen. Dazu gehören wir.

Ich klage hier nicht an, — vielleicht ist unsere geographische Lage ein unüberwindliches Hindernis gewesen, vielleicht hatte Deutschland wirklich erst andere Aufgaben, vielleicht war es notwendig und gut, daß wir erst einmal reich wurden — jedenfalls aber ist es eine Tatsache, daß in den Jahrzehnten, seit Deutschland durch seine Einigung mit an die Spitze der Großmächte trat, Rußland, England sich unablässig neue gewaltige Anteile an der Erdoberfläche sicherten, daß das von uns zu Boden geworfene Frankreich sich seine großen Kolonialreiche in Hinterindien und Afrika schuf, das winzige Belgien den hundertmal seine eigene Größe übertreffenden Kongostaat erhielt, ja das soeben erst in den Kreis der modernen Zivilisation eingetretene Japan bereits nach Formosa und Korea griff. Auch wir haben in dieser Zeit freilich angefangen, uns am Kolonialerwerb zu beteiligen, aber so lieb wir unsere Kolonien haben, und so sehr wir immer mehr mit Freude erkennen, daß sie besser sind, als ihr Ruf, darüber sind wir uns doch klar, daß sie doch, verglichen mit den Besitzungen der Engländer, der Russen und der Franzosen, unbedeutend sind und daß sie vor allem uns nicht genug von den Gegenden der Erde sichern, deren Klima dem weißen Manne gestattet, dort zu siedeln und seine Art in derselben Weise auszubreiten, wie in der Heimat.

Dazu ist es jetzt zu spät. Diese Gegenden sind in festen Händen, meist in denen der angelsächsischen Rasse, und wo es noch nicht der Fall ist, haben andere Völker doch schon in kluger Voraussicht soviel Beziehungen gesponnen, daß wir uns auch da in den meisten Fällen sagen müssen, sie haben wirklich ein näheres Anrecht daran als wir. Dem Raume nach gehört Deutschland wirklich schon lange nicht mehr zu den Großmächten, höchstens zu den mittleren. Und dabei hat sich gerade unsere Bevölkerungsziffer, wie Sie alle wissen, in einer erstaunlichen Weise vermehrt. Beim Regierungsantritt unseres Kaisers hatten wir 48 Millionen, heut 65. Und das im wesentlichen auf demselben Raume. Und wir wachsen immer weiter.

Es geht; es geht sogar gut. Die 65 Millionen leben und leben besser, als die 48 gelebt haben! Aber das ist nur möglich durch die Aufrechterhaltung und immer weitere Ausdehnung unser wirtschaftlichen Eroberung der Erdoberfläche, mit allen ihren gefährlichen Konsequenzen.

Und dafür ist es nun von allergrößter Bedeutung, daß unser Kaiser bei jener Friedensarbeit, von der ich sprach, doch nicht die Erhaltung unserer kriegerischen Kraft außer Augen gelassen hat. Ganz im Gegenteil, er hat sich unablässig und mit Erfolg bemüht, sie mit Hilfe eines Teils der neu erworbenen Reichtümer unseres Volkes zu steigern, zu Lande, wie zu Wasser. Auf dem letzteren Element hat er die zum Schutze unseres auswärtigen Handels notwendige deutsche Flotte als seine eigenste Tat sogar ganz selbständig, mit einer unermüdlichen Energie gegen eine Welt von Gegnern, erschaffen.

Wenn dem nicht so wäre, so bin ich der festen Überzeugung, daß man schon längst versucht hätte, sich dieser lästigen Konkurrenz der Deutschen auf dem einfachsten Wege zu entledigen, durch die politische Niederwerfung des Nebenbuhlers, oder man würde es demnächst versuchen. Wieviel Völker sind schon um eines sehr viel kleineren Handels willen vernichtet worden, als der hier in Frage stehende. Dessen immer eingedenk zu sein, ist unsere gebieterische Pflicht. Wir würden ein Verbrechen an uns selbst begehen, wenn wir das außer acht ließen. Gestatten Sie mir hier einen geographischen Klassiker zu zitieren, den alten Kollegen Marco Polo. Er erzählt, wie kurz vor seiner Reise durch Vorderasien im 13. Jahrhundert das glanzvolle Khalifat von Bagdad unter dem Ansturm der Tataren zusammenbrach. Als der Tatarenkhan Hulagu in Bagdad einzog, entdeckte er einen Turm, der ganz mit Gold gefüllt war. Er ließ den gefangenen Khalifen vor sich kommen und herrschte ihn an: Hättest du doch statt Schätze aufzuhäufen, sie besser zur Bildung eines Heeres verwendet, da dir ja die Gefahr, die dir von uns drohte, schon lange bekannt war! Für diese Narrheit verdienst du noch eine besondere Strafe. Danach ließ er den Khalifen in den Goldturm sperren und dort inmitten seines Goldschatzes verhungern.

Gott sei Dank, sind weder der Kaiser, noch unser heute mitbestimmendes und mitverantwortliches Volk einer ähnlichen Narrheit schuldig; das sehen wir gerade in diesen parlamentarischen Tagen.

Kommilitonen! Aus alledem erkennen wir mit Dank und Freude, ein wie tiefes Verständnis unser Kaiser für die ernstesten Lebensinteressen unseres Volkes hat; insbesondere für die große Notwendigkeit der Gegenwart, daß wir Deutsche unserer friedlichen Arbeit und unserer Gesittung den uns gebührenden Anteil an der Erdoberfläche sichern. So wie das Deutsche Reich heute am Ende des Vierteljahrhunderts seiner Regierung dasteht, reich an Wohlstand, gesund in seinem Geschlecht, blühend in seiner Arbeit und mächtig in seinen Waffen, können wir getrost dieser Aufgabe unter seiner Führung entgegengehen. Sie sollen in diesem friedlichen Kampfe die Offiziere stellen. Ihnen darf man daher, mit einer leichten Wendung des Dichterwortes, zurufen: „Des Volkes Zukunft ist in eure Hand gegeben, bewahret sie, sie sinkt mit euch, mit euch wird sie sich heben.“

Mit diesem stolzen Gedanken und mit dem erneuten Gelöbnis der Liebe und des Vertrauens zu unserm Kaiser lassen Sie uns heute an unserer Handels-Hochschule in das neue Vierteljahrhundert seiner Regierung treten.

Kolibri 360 GmbH
Ferdinand-Jühlke-Straße 7
99095 Erfurt, Deutschland
produktsicherheit@kolibri360.de